発見！ほとけさまのかたち◎目次

第2章 菩薩 ――おだやかな表情とアクセサリーに注目――

第3章 明王 ――怒りの表情にはわけがある！――

第4章　天――ほとけさまに仲間入りをした神さま――

第5章　お釈迦さまと仏像

第6章 ならはくとほとけさま

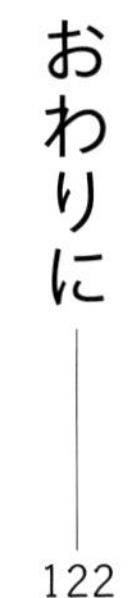

はじめに

ようこそ！　ほとけさまの〝かたち〟の世界へ！　この本のテーマは、仏像の〝かたち〟、つまり、その姿やしぐさから、ほとけさまの世界をのぞいてみよう！　というものです。実は、仏像のかたちを知ることで、ほとけさまのことがよくわかるようになるんです。

ほとけさまには、いろんな種類があります。そして、「如来（にょらい）」「菩薩（ぼさつ）」「明王（みょうおう）」「天（てん）」の4つのグループに大きく分けられます。それぞれ、決まった姿やしぐさをしているので、かたちを知っていると、どのグループなのかを見分けることができちゃう、というわけです。

そのような視点からほとけさまを紹介する展覧会、わくわくびじゅつギャラリー「はっけん！　ほとけさまのかたち」を、令和四年（二〇二二）の夏に、ならはく（奈良国立博物館）で開催しました。これはこども向けの展覧会で、仏像のグループの見分け方とあわせて、どうしてそんなかたちをしているのか、そのヒミツをたっぷりとご紹介しました。

仏像というと、「難しそう……」とイメージされがちで、とくに、こどもにとっては、ハードルが高いと感じられるかもしれません。けれど、ほとけさまの世界は、とっても奥が深く、知れば知るほど楽しい！　そう気づいてくれる人が増えることを願って、この展覧会を企画しました。元々はこども向けに企画した展覧会でしたが、こどもだけでなく、大人の方にもたいへん好評だったのは、予想外でした。

この展覧会に来てくれた人たちだけでなく、もっと多くの人に、仏像に興味をもってもらいたい――そうした想いから、展覧会の図録をもとに、この本をつくることにしました。展覧会や図録では紹介しきれなかったことも特別にプラスして、さまざまな世代の方に楽しく読んでもらえる内容にしています。

ぜひ、この本が、仏像に親しむきっかけのひとつになれば、とってもうれしいです。

- この本は、奈良国立博物館を会場として、令和４年（2022）７月16日から８月28日にかけて開催した、わくわくびじゅつギャラリー「はっけん！ほとけさまのかたち」（主催：奈良国立博物館　協力：奈良市教育委員会、仏教美術協会、文化財活用センター）の展覧会図録をもとに、あらたな書き下ろしを加えて再構成したものです。

- 各作品の写真には、指定（◉国宝、◎重要文化財）、名称、法量（cm）、時代・年代、作者、所蔵者を順に記しました。

- この本の解説は、奈良国立博物館長井上洋一の助言のもと、同学芸部の翁みほりが執筆し、岩井共二、久米彩也加、斎木涼子、谷口耕生、内藤航、中川あや、三本周作、山口隆介、吉澤悟が補助しました。また、この本の制作にあたり、井藤友紀子、佐藤優菜、辻本三加、西川夏永と、元職員の乾口恵氏、塩山あゆみ氏、そして奈良国立博物館ボランティア一同の協力を得ました。

- この本に掲載した作品の写真のうちP.109「如来像」はアメリカ メトロポリタン美術館のウェブサイトよりダウンロードしたものを使用しました。そのほかの作品の写真については、西川夏永（奈良国立博物館学芸部）、佐々木香輔氏（元奈良国立博物館学芸部）、森村欣司氏（同左）、矢沢邑一氏（同左）が撮影したものを使用しました。

序章

ほとけさまのかたちには意味があった！

いろいろなほとけさまがいるよ

ほとけさまには、「如来」「菩薩」「明王」「天」の4つのグループがあるといわれています。ほとけさまの姿を表した仏像を、そのグループ別に、それぞれの〝かたち〟と見分け方をご紹介します。また、どうしてそうした〝かたち〟をしているのか、そのヒミツを解き明かしていきます。

ほとけさまって
たくさん
いるんだな！
大威徳明王
十一面観音菩薩
阿弥陀如来
歓喜天
馬頭観音菩薩
梵天
弁才（財）天
軍荼利明王
薬師如来
千手観音菩薩
金剛力士

ほとけさまのかたちには意味があった！

如来（にょらい）

頭のつぶつぶは何？
>>> P.18

手のかたちに意味がある？
>>> P.26

どんなファッション？
>>> P.20

菩薩（ぼさつ）

優しそうな顔？
>>> P.62

なんだかゴージャス？
>>> P.44

さまざまなかたちがあるね！

でも、
どうしてこんなかたちを
してるんやろう？
明王（みょうおう）
牙（きば）を出して、
怒っている？
>>> P.66
ワイルドなアクセサリーがある？
>>> P.70
天（てん）
よろいを着けている？
>>> P.82
くつをはいている？
>>> P.88
それぞれのポーズには
意味があるらしいわ！

ざんまいず

ZANMAIS

ならはくの所蔵品をモチーフに誕生した
5匹の動物キャラクターたち

物知りで、負けずぎらい。
とてもおしゃれで、
鏡をながめるのが大好き。

くじゃっぴ

こう見えても面倒見がいい、
しっかり者。
関西弁のツッコミが得意。

ぎゅーたろ

はにわんこ

無邪気で、甘えん坊。
この5匹の中では
末っ子ポジション。

あおじし

オレ様キャラだけど、実は強がり。
しろぞーのほっぺをつつくのが好き。

しろぞー

とても優しい、のんびりやさん。
あおじしと一緒にいると
ホッとする。

第1章

如来（にょらい）

―モデルはお釈迦（しゃか）さま―

如来（にょらい）のかたち

どんなかたち？

● 薬師如来像（やくしにょらいぞう）

像高 164.5
平安時代（9世紀）
奈良・元興寺（がんごうじ）

如来のポイント

下の２つが当てはまったら、ほとんどが「如来」です！

ほかにもこんな特徴があるよ！

いろんな手のかたちがある
人間にはない体の特徴がある
?

ココみて！

あたま

薬師如来像（やくしにょらいぞう）

像高 86.6

平安時代（10～11世紀）

京都・海住山寺（かいじゅうせんじ）

頭のてっぺんがふくらんで盛り上がっているのは、知恵がたくさん詰まっていることを表しています。そして、たくさんのつぶつぶは、実は髪の毛。長い髪の毛が、1本ずつ巻き貝のようにくるくると自然に丸まっているんです。
オレもいつか
このあたまの
かたちに…！
あおじしだと
何かちがう…

もっとみて！　白毫（びゃくごう）

如来の顔をよく見ると、おでこに小さな丸がありますね。これは白く長い1本の毛が丸まったもので、「白毫」といいます。仏像では、よく水晶で表されます。ここから光を放ち、すべての世界を照らすといわれています。この丸まった毛を伸ばすと、1丈（じょう）5尺（しゃく）（約4.5メートル）もあるそうですよ。

深知り！　螺髪（らほつ）

如来（にょらい）は、人間にはない、さまざまな体の特徴をもっています。髪型もそのひとつで、如来の髪は、先が上を向いて右巻きになっているんだそう。この髪型を「螺髪」といい、たくさんのつぶつぶがある形でよく表されます。

ココみて!

ファッション

この仏像が身にまとっているのは、3枚の大きな長方形の布だけ。アクセサリーを着けずに、体に布を巻きつけるだけのシンプルなファッションは、如来の特徴のひとつなんですよ。

阿弥陀如来像

像高 76.2
鎌倉時代　建保5年(1217)
個人蔵

ファッション 服の着かた編

この3枚の布を身に着けるよ！

腰から下に巻きつける布と、それを固定させるための紐。
縦 75cm ／横 150cm

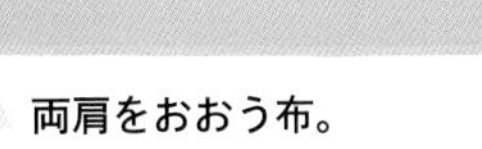

両肩をおおう布。
縦 60cm ／横 190cm

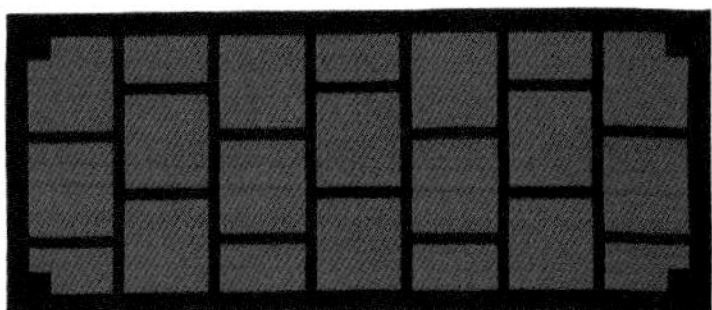

左肩にかける布。「袈裟」といい、お坊さんがよく身に着ける。
縦 80cm ／横 190cm

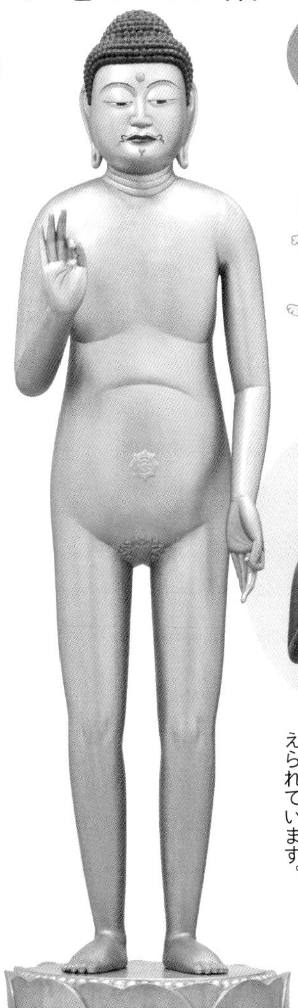

レプリカのモデルになったのは24ページの仏像！つくられた時は左のように金色に輝いていたと考えられています。

大丈夫や！次のページで教えてもらえるらしいで！

着かたがわからないよ〜！

ぐちゃ〜

阿弥陀如来像（裸形）の復元模造（レプリカ）

像高 106.5
令和4年（2022）
奈良国立博物館
制作協力：文化財活用センター

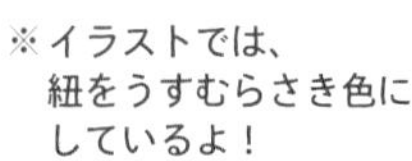
※イラストでは、
紐をうすむらさき色に
しているよ！

腰から下に、1枚目の布を巻きつける

長さが余った部分は、正面の位置でひだをつくり、折りたたむ

紐（ひも）でぎゅっとしばり、巻きスカートのようにする

紐でしばったところから上の部分の布を折り返す

両肩をおおうように、2枚目の布をかける

5の布の角が○印のところにくるようにする

左肩に3枚目の布を少しだけかける

7の右側の布をわきの下から体の前にまわし、左肩にかける

深知り！ 如来の服装

一番外に身に着ける「袈裟」以外にも、それぞれの布に名前があることをご存知ですか？　読み方がちょっと難しいですが、巻きスカートのことを「裙」、そして、両肩をおおう布のことを「覆肩衣」といいます。ここでは、裙・覆肩衣・袈裟の３枚の布の着かたを紹介しましたが、布の組み合わせ方には、いくつかのパターンがあります。ご紹介したように裙・覆肩衣・袈裟の３枚の布を身にまとうこともあれば、裙と袈裟の２枚の布を着ることも。また、袈裟の着かたにもいろんな種類があります。右肩に少しだけ引っかけたり、両肩をおおったり……。シンプルな装いながらも、アレンジは多彩なんですね！

ココみて!

へそと股(また)

阿弥陀如来像(裸形)(あみだにょらいぞう(らぎょう))

像高 106.5
鎌倉時代(13世紀)
奈良国立博物館

へそには、車輪のようにくるくると回って仏教を広める道具である輪宝（りんぽう）が、股には、清らかさのシンボルであるハスの花が表されています。このように如来（にょらい）には、人間にはない体の特徴がたくさんあります。ちなみに、この仏像は裸ですが、布の服を着せておまつりしたんですよ。

どうして布の服を着せるの？

生きているように見せるためらしいわよ

深知り！ 裸のワケは……

鎌倉時代に、ほとけさまはこの世に実際に生きて存在しているという「生身（しょうじん）」の信仰が広まります。それにあわせて、仏像をまるで生きているかのような姿でつくることが流行しました。そうした流行の中で生まれたのが、裸の仏像。私たち人間が服を着るように、裸の仏像に布の衣を着せることで、ほとけさまが私たちの目の前に現れたかのようなリアルな感じを出そうとしたんです。右ページの全身裸の阿弥陀如来像（あみだにょらいぞう）は、まさに亡くなろうとする人のそばや、西の果てにある極楽（ごくらく）の世界からほとけさまがお迎えに来た様子を再現する儀式でおまつりされたと考えられています。全身が裸の仏像のほか、上半身のみ裸の仏像もつくられたんですよ。

ココみて！

手のかたち

如来（にょらい）は、いろいろな手のかたちをしています。手話のように、手のかたちでメッセージを伝えているんです。実は、如来にはさまざまな種類がありますが、手のかたちで見分けられることもあります。ここでは、如来の手のかたちのうち、代表的な4つの種類を紹介しましょう。

その1 右手：こわがらなくて大丈夫（施無畏印（せむいいん））
左手：願いをかなえてあげる（与願印（よがんいん））

手のひらを前に向ける

左手

手のひらを上に向けてさしだす

釈迦如来像（しゃかにょらいぞう）

像高 34.4
平安時代 保延（ほうえん）4年（1138）
奈良・法隆寺（ほうりゅうじ）

この手のかたちをする如来
釈迦如来（しゃかにょらい）・薬師如来（やくしにょらい）など

その2 両手：ほとけさまの世界からお迎えに来たよ（来迎印（らいごういん））

手のひらを前に向けて親指と人さし指で輪をつくる

左手

手のひらを上に向けてさしだし、親指と人さし指で輪をつくる

指が
ポイントよ！

阿弥陀如来像（あみだにょらいぞう）

像高 53.2
平安時代（12世紀）
大阪・金剛寺（こんごうじ）

この手のかたちをする如来
阿弥陀如来（あみだにょらい）

その3　心を落ち着けて深く考えているよ（禅定印［定印］）

阿弥陀如来像

像高 52.6
平安時代（12世紀）
奈良国立博物館

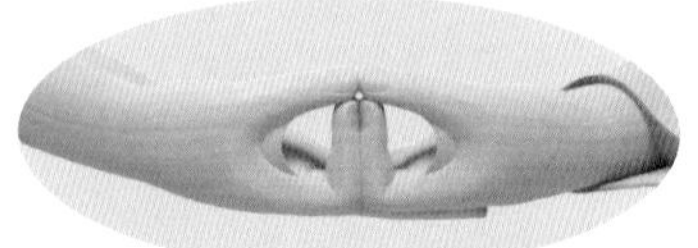

❶ 手のひらを上に向けて、中指・薬指・小指を組む
❷ 親指と人さし指で輪をつくる

この手のかたちをする如来
阿弥陀如来

その4　すばらしい知恵をもっているよ（智拳印）

❶ 左手の人さし指を右手でにぎる
❷ 右手の人さし指を折り曲げて、その先を左手の人さし指の先とくっつける

大日如来像

像高 47.0
平安時代（10〜11世紀）
奈良・元興寺町共和会

この手のかたちをする如来
大日如来

※ P.27 と P.28 の印相模型は奈良国立博物館所蔵です。

如来の種類をご紹介！

ほかにも、
いろんな如来が
いるんだって～

如来にはさまざまな種類があります。
ここではその一部を紹介しちゃいます！

釈迦如来

今から約2500年前にインドで仏教をはじめたお釈迦さまがモデル。一番はじめに登場した如来です。

薬師如来

どんな病気も治してくれます。特別な薬が入った小さな壺を手にのせていることがあります。

阿弥陀如来

西の方角にあるほとけさまの清らかな世界(極楽浄土)から、お迎えに来てくれます。

大日如来

仏教の中でも、ひみつの教えとされる密教の世界の中心にいます。もっともかしこい如来です。

深知り！

手のかたち

ほとけさまの手のかたちを「印相」といい、手でかたちをつくることを「印を結ぶ」といいます。P.27とP.28で紹介した印相のほかにも、実はもっとたくさんの種類があります。如来だけでなく、菩薩や明王、天も印を結ぶことがあるんですよ。そして、手のかたちの難易度もさまざま。中には、私たちが真似できないくらい、とっても複雑に両手の指を組み合わせるものまで！　それを平然とやってのけるとは、さすが、ほとけさまですね。

もっとみて！

手や足の指の間

如来の手や足の指の間には、アヒルのような水かきがあります。これを「縵網相」といいます。「縵網相」も如来だけがもつ体の特徴のひとつ。たくさんの人びとをもらさずに救う特別な力をもっているというイメージを表したんでしょうね。

如来(にょらい)のかたちのひみつ

如来のかたちは、仏教をはじめたお釈迦(しゃか)さまと深い関わりがあります。

お釈迦さまは、今から約2500年前にインドの小さな国の王子として生まれ、裕福な生活を送っていました。けれどある日、お城の外で、病気などいろいろなことに苦しむ人びとを見て、どうすればみんなが幸せに暮らせるのか、悩むようになりました。

そこでお釈迦さまは、みんなが幸せに暮らせる方法を探すために、豊かな暮らしを捨てて、修行の旅に出ました。6年もの間、厳しい修行をして、ついに、苦しみを乗りこえて幸せに生きていく方法を見つけたのです。

その時に、人間にはない、さまざまな体の特徴が現れたといいます。こうして、お釈迦さまは人間からほとけさまに変わったのです。

そのお釈迦さまの姿をモデルに、如来のかたちが生まれました。そのため、如来は修行をするのにふさわしいシンプルなファッションでありながらも、人間とはちがう体の特徴をいくつももっているのです。

如来（にょらい）はここがすごい！

三十二相

お釈迦（しゃか）さまが厳しい修行を積み、そして心静かにいっしょうけんめい考えて、苦しみを乗りこえて幸せに生きていく方法を見つけた時、お釈迦さまの体には、人間にはないさまざまな体の特徴が現れました。体の特徴はたくさんあるのですが、大きな特徴だけで32もあるそうです。これを「三十二相（さんじゅうにそう）」といって、如来の姿を表した仏像にも表現されていることがあります。

① 足下安平立相（そくげあんぴょうりゅうそう）

足の裏が平らで、安定している。

② 足下二輪相（そくげにりんそう）

足の裏に法輪（ほうりん）（車輪のようなかたちをした道具）の模様がある。

③ 長指相（ちょうしそう）

手足の指が長くて繊細。

④ 足跟広平相（そくこんこうびょうそう）

足のかかとが広くて平らである。

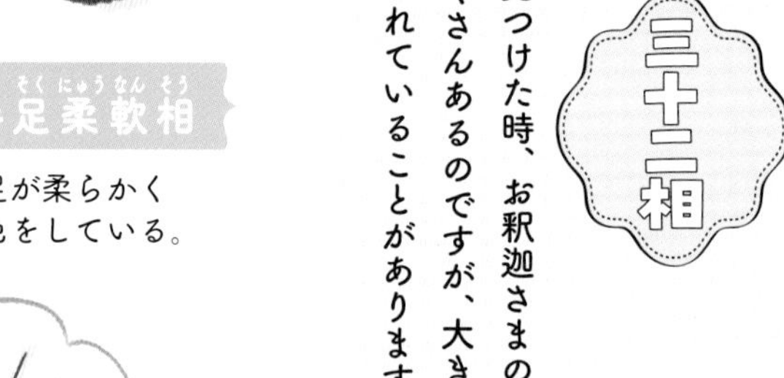

⑤ 手足指縵網相（しゅそくしまんもうそう）

手や足の指の間に水かきがある。

⑥ 手足柔軟相（しゅそくにゅうなんそう）

手や足が柔らかく良い色をしている。

⑦ 足趺高満相（そくふこうまんそう）

足の甲がカメの甲羅のように盛り上がり、厚みがある。

⑧ 伊泥延膊相（いにえんせんそう）

足のふくらはぎがカモシカのように丸く良いかたちをしている。

⑨ 正立手摩膝相（しょうりゅうしゅましつそう）

立った時に両手が膝に届くほど長い。

⑩ 陰蔵相（おんぞうそう）

馬のように男性器が体の中に隠れている。

⑪ 身広長等相（しんこうちょうとうそう）

身長と両手を広げた長さが等しく、バランスがとれている。

⑫ 毛上向相（もうじょうこうそう）

体のすべての毛が上向きに生え、右巻きにカールしている。

⑬ 一一孔一毛生相（いちいちくいちもうしょうそう）

体の毛穴すべてに1本ずつ青瑠璃色の毛が右巻きに生えている。

⑭ 金色相（こんじきそう）

体が金色に輝いている。

⑮ 丈光相（じょうこうそう）

体から光を放っている。

⑯ 細薄皮相（さいはくひそう）

皮膚が柔らかく、汚れが一切たまることがない。

⑰ 七処隆満相（しちしょりゅうまんそう）

両手のひらと両足の裏や両肩、うなじの7か所の肉付きが良い。

19 上身如師子相

上半身が獅子のように威厳がある。

21 肩円好相

両肩の肉付きが良く、丸みをおびている。

18 両腋下隆満相

両脇下の肉付きが良い。

22 四十歯相

全部で40本もの歯がある（人の歯は全部で32本）。

20 大直身相

体が大きく、バランスがとれている。

23 歯斉相

歯の大きさがすべて同じで、きれいに並んでいる。

27 大舌相

髪の生え際に届くほど、舌がとても大きい。

25 師子頬相

両頬の肉付きが良く、獅子のようである。

24 牙白相

40本の歯のほかに4本の牙が生えている。それらの牙は白く大きい。

28 梵声相

とても美しい声をしている。

26 味中得上味相

味覚がすぐれており、何を食べても最高に美味しく味わえる。

※三十二相の各内容と順番は『大智度論（巻第四）』というお経の注釈書に基づいています。

31 頂髻相（ちょうけいそう）

頭のてっぺんがぼこっと盛り上がっている。

30 牛眼睫相（ごげんしょうそう）

牛のように、まつげが長くきれいに生えている。

29 真青眼相（しんしょうげんそう）

瞳が青い蓮華（れんげ）のような美しい色をしている。

32 白毛相（びゃくもうそう）
みょーーーん
くるくる
シュポン！
眉の間に右巻きに丸まった白く長い毛がある。

深知り！ お釈迦（しゃか）さまの身長

お釈迦さまの身長は、1丈（じょう）6尺（しゃく）だと伝えられてきました。1丈6尺は、なんと約4メートル85センチ！　超人的な存在だからこそ、巨大だと伝わってきたのでしょう。1丈6尺を略して「丈六（じょうろく）」といい、仏像をつくる時のサイズの基準とされてきました。さらに、縮小したサイズの仏像もつくられました。立った姿で、丈六の半分の大きさの8尺（約2メートル42センチ）の「半丈六（はんじょうろく）」の仏像のほか、およそ5分の1の3尺（約91センチ）、10分の1ほどの1尺6寸（約48センチ）などがその例です。お家でおまつりする場合は、小さめの方が良いですよね（大豪邸（だいごうてい）に住んでいたら別だけれど……）。

如来（にょらい）ってどんなほとけさま？

役割を知ろう！

如来は、苦しみを乗りこえて
幸せに暮らすための方法、
つまり〝仏教〟を広めるほとけさま！

釈迦如来（しゃかにょらい）

わざわざ
みんなに広めて
くれるのか!!

◎釈迦如来霊鷲山説法図（しゃかにょらいりょうじゅせんせっぽうず）

縦 159.8 ／横 79.7
鎌倉時代（13世紀）
奈良国立博物館

この絵は、ほとけさまになったお釈迦さま〝釈迦如来〟が、
幸せに暮らすための方法である仏教を、
みんなに伝えている場面を描いています。
中心に大きく描かれているのが、釈迦如来です。
釈迦如来の周りには、たくさんの人が集まっているのでしょうか？

実は人だけじゃなくて、ほとけさまも集まっているんです。如来とは別のほとけさまである菩薩（→ P.41）や天（→ P.79）も、釈迦如来の教えを熱心に聞いています。人だけじゃなくて、ほとけさまも聞きたくなるほどの、ありがたーい教えなんです。

ほかの如来も、それぞれの場所で、
みんなに教えを説いています。

おまけ

如来(にょらい)らしくない如来!?

如来だけど、冠(かんむり)をかぶり、アクセサリーを着けていて、どちらかというと菩薩(ぼさつ)(→41ページ)の姿にそっくりなほとけさまがいます。

これは如来? それとも菩薩? と迷ったら、手のかたちにご注目! 忍者がするようなポーズか、お腹の前で手のひらを上に向けて両手を重ねるかたちをしていたら、それは大日如来というほとけさまです。

大日如来(だいにちにょらい)

第2章

菩薩（ぼさつ）

―おだやかな表情とアクセサリーに注目―

菩薩のかたち

どんなかたち？

弥勒菩薩像

像高 106.5
鎌倉時代（13世紀）
奈良・林小路町自治会

菩薩のポイント

下の３つが当てはまったら、
ほとんどが「菩薩」です！

- □ アクセサリーを着けている

- □ おだやかな表情をしている

- □ ハスの花にのっている

ココみて！

ファッション

きらびやかな
感じ！

なんだか
とても…

観音菩薩
(阿弥陀三尊像のうち)

像高 68.0
南北朝時代(14世紀)
和歌山・善集院

冠（かんむり）をかぶり、胸元（むなもと）や手首などにアクセサリーをたくさん着けて、とてもオシャレな感じ！　昔のインドの王子さまの姿をモデルにしています。ちなみに、菩薩（ぼさつ）のほとんどがアクセサリーを着けています。ぜひ覚えておいてくださいね。

深知り！　菩薩の姿と服装

菩薩は、如来（にょらい）と同じく、長方形の布を体に巻きつけています。巻きスカートをはくのも如来と一緒。けれど、違うところもあるんです。菩薩は上半身に、タスキのような「条帛（じょうはく）」という細長い布を斜めに巻きつけ、さらに「天衣（てんね）」という長い布をショールのように羽織り、足元まで垂らしています。如来と比べると、菩薩の服装は、ひらひらとしていて華やかな印象ですね。また、アクセサリーを着けるのも菩薩の大きな特徴で、胸元や手首だけでなく、二の腕や足首にも着けています。ヘアースタイルを見ると、頭の上で高く髪を結い上げ、冠をのせていることが多いです。髪の結い方はいろいろで、中には、これどうやって結っているの？と思うような、複雑に結った髪型もあるんですよ。ぜひいろんな角度から見てみてくださいね。

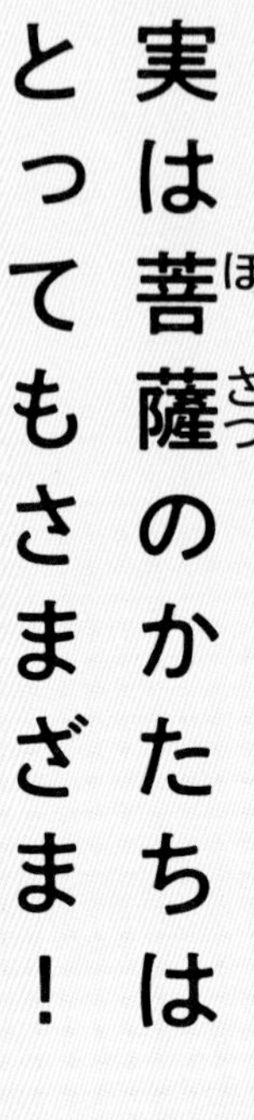

実は菩薩のかたちはとってもさまざま！

菩薩のかたちはとってもさまざま。種類によって、かたちがちがうんです。菩薩の代表的な種類と、それぞれの特徴をくわしく見ていきましょう！

知ってる菩薩がおるかも？

観音菩薩（かんのんぼさつ）

頭に小さな仏像が！

観音菩薩は、小さな阿弥陀如来（あみだにょらい）を頭にのせています。実は、阿弥陀如来は、観音菩薩の先生。先生である阿弥陀如来をとっても慕（した）っていることを知ってほしいから、こんな印（しるし）をつけているのかもしれませんね。

ボク、
あおじしのこと
好きだから頭に
のせるの〜

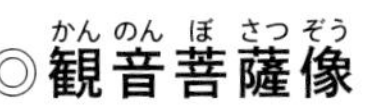

◎観音菩薩像（かんのんぼさつぞう）

像高 60.3
平安時代（10〜11世紀）
大阪・本山寺（ほんざんじ）

文殊菩薩

文殊菩薩像

像高 36.8
鎌倉時代（13世紀）
奈良・法徳寺

ハスの上の巻物には、お経が書かれています。仏教のありがたーい教えを書き記したお経は、かしこさを表すシンボルだと考えられてきました。文殊菩薩はとってもかしこいほとけさまだから、お経がトレードマークなのです。

地蔵菩薩（じぞうぼさつ）

地蔵菩薩は、いろんな世界（地獄の世界も！）をめぐり、困っている人びとを救います。お坊さんがめぐり歩く時にもつ音を鳴らすための長い杖（つえ）（錫杖（しゃくじょう））と、願いをかなえる玉（宝珠（ほうじゅ））をもっていることが多いです。

◎地蔵菩薩像（じぞうぼさつぞう）

像高 96.4
鎌倉時代　建長（けんちょう）6年（1254）
栄快（えいかい）作　滋賀・長命寺（ちょうめいじ）

もっとみて！

お坊さんの姿

地蔵菩薩は、さまざまな世界に足を運びます。その姿が、修行のために山や野をめぐり歩くお坊さんのイメージと結びついたのでしょう。そのため、地蔵菩薩はほかの菩薩とはちがって、髪を剃（そ）り袈裟（けさ）を着けた、お坊さんの格好をしているのです。

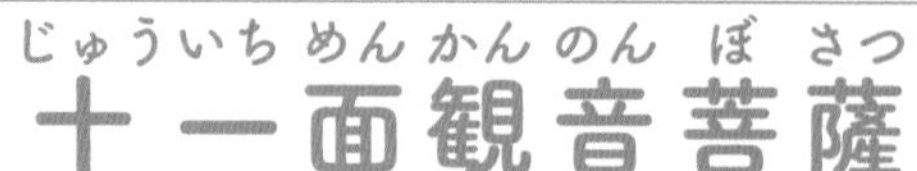

十一面観音菩薩

いろんな種類が
あるみたいやな！

表情は
ひとつじゃなくて…

うしろにも顔が

顔がたくさんある！

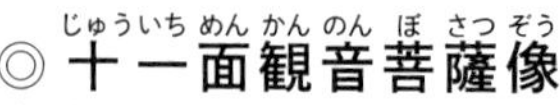

◎ 十一面観音菩薩像

像高 42.8
奈良～平安時代（8～9世紀）
奈良国立博物館

十一面観音菩薩は、頭上のたくさんの顔でいろいろな方角を見わたし、困っている人びとを見つけて救うほとけさま。なんと、頭のうしろにも顔が！　この仏像には、全部で11の顔がありますが、表情は5種類に分けられるんですよ。

深知り！

なぜ11？

「11」は、東・西・南・北と、東北・東南・西南・西北の8つの方角に、上・下の2つ、そして全体を意味する1をあわせた数字です。これで全方向を表すと考えられてきました。名前の「十一面」には、たくさんの顔ですべての方向を見ているという意味が込められているのです。

千手観音菩薩（せんじゅかんのんぼさつ）

千手観音菩薩は、たくさんの手といろんなアイテムを使って、まさに「あの手この手」で人びとを救ってくれます。

でも、手を数えてみても実際には1000本もありません。実は、手は全部で42本。胸の前であわせた2本以外の40本の手がそれぞれ1本ずつ、25本分の働きをするんだそう。40×25で1000になるってことなんですね！

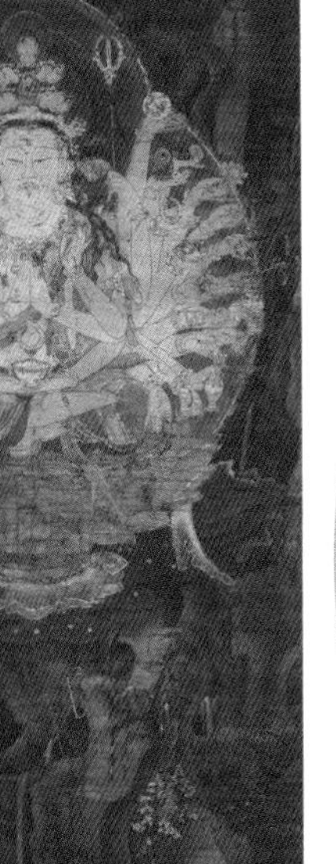

◎千手観音菩薩像

縦100.8／横41.0
鎌倉時代(14世紀)
奈良国立博物館

千手観音菩薩（せんじゅかんのんぼさつ）の手ともちもの

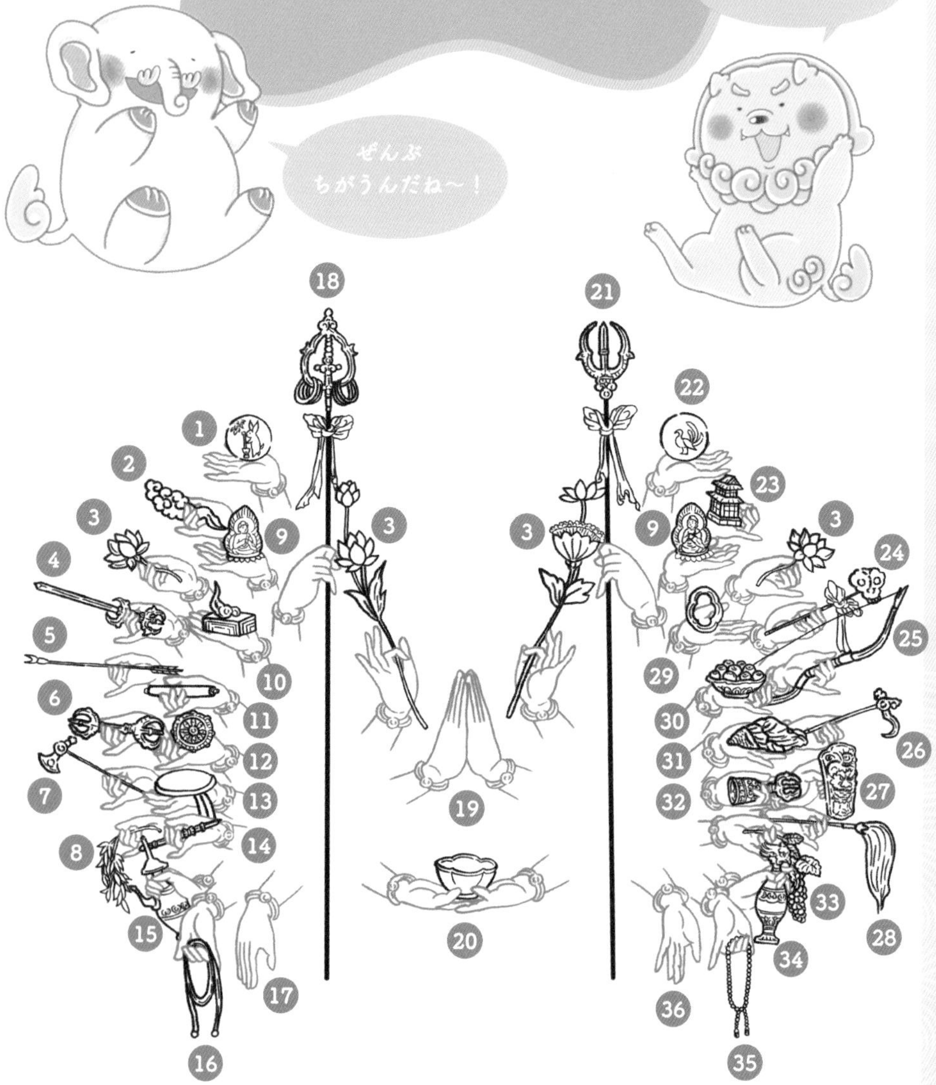

もちものの内容とご利益

1 月のように輝く玉
体が熱くなる病気を治す。

2 五色(ごしき)の雲
早くほとけさまになれる。

3 ハスの花
ほとけさまの世界に咲く、清らかな花。白・青・紅・紫色のものがある。
- 白色…いろんな良いことがある。
- 青色…どんなほとけさまの世界にも生まれ変われる。
- 紅色…天上の宮殿に行くことができる。
- 紫色…どんなほとけさまも見ることができる。

4 剣
悪い鬼をしずめる。

5 矢
良い友人に早く出会う。

6 両端にそれぞれ3本の刃がついた武器
どんな魔物や悪い者もしたがわせる。

7 斧(おの)
罰を受けない。

8 柳(やなぎ)
あらゆる病気をとりのぞく。

9 小さなほとけさま
2種類あり、それぞれ左のことをかなえる。
- いろんなほとけさまが離れずにそばにいる。
- いろんなほとけさまが早く来て、将来ほとけさまになれることを約束する。

10 箱
地中のお宝を手に入れる。

11 お経
よく学んでかしこくなる。

12 車輪のような輪っか
どんな悩みも打ちくだき、ほとけさまになろうとする心を導く。

13 鏡
すばらしい知恵を手に入れる。

14 両端にそれぞれ1本の刃がついた武器
どんな敵もしずめる。

15 水が入ったびん
梵天(ぼんてん)というほとけさまの住む世界に生まれ変われる。

16 縄
どんな不安もとりのぞき、おだやかになる。

17 手の甲を前に向けておろしたかたち
食べものや飲みものに困らない。

18 音がなる長い杖(つえ)
どんな人も優しい心で包み込み守る。

19 手のひらをあわせるかたち
どんな生きものも大切にする。

20 鉢
お腹の病気を治す。

21 槍(やり)
敵を追い払う。

22 太陽のように輝く玉
目が見えるようになる。

23 小さな宮殿
ほとけさまの清らかな世界(浄土(じょうど))にある宮殿に、生きものを導く。

24 ドクロがついた杖
どんな鬼の神さまもあやつれる。

25 弓
出世できる。

26 象をあやつるための道具
良い神さま(龍王(りゅうおう)など)が助けに来る。

27 盾(たて)
悪い獣を遠ざける。

28 蚊(か)や蠅(はえ)を追い払うための道具
あらゆる悪や災難をとりのぞく。

29 輪っかのかたちをした道具
どんな人もしたがう。

30 玉
どんな願いもかなう。

31 法螺貝(ほらがい)
良い神さまを呼ぶ。

32 鈴
ほとけさまのすばらしい声や言葉を聞くことができる。

33 ブドウ
実りが豊かになる。

34 ペルシャ風のびん
良い人がそばにつく。

35 数珠(じゅず)
さまざまな方向からほとけさまが早く来て救う。

36 差しのべる手
恐れをとりのぞく。

※千手観音菩薩のもちものの各内容は、『千手千眼観世音菩薩大悲心陀羅尼(せんじゅせんげんかんぜおんぼさつだいひしんだらに)』というお経に基づいています。

菩薩のかたちのひみつ

菩薩の中で、はじめに登場したのは観音菩薩です。観音菩薩のかたちは、仏教をはじめたお釈迦さまがインドの小さな国の王子さまだったころの姿をモデルにつくられたといいます。だからオシャレな姿なのです。

観音菩薩が登場した後に、「この願いをかなえてくれる、こんな菩薩がいたらいいな」という人びとのいろいろな願いにあわせて、さまざまな菩薩が登場しました。

十一面観音菩薩と千手観音菩薩は、実は観音菩薩が変身した姿です。観音菩薩が、いろいろな方法でたくさんの人びとを救う力をもっているということを、変身した姿で表しているんだそうです。

そのほかにも、ある決まった願いをかなえるのがバツグン！　という菩薩も登場しました。すばらしい知恵をさずけてくれる文殊菩薩や、地獄の世界まで人びとを救いに来てくれる地蔵菩薩などが、その例です。

願いはさまざま！
だから、
菩薩のかたちも
さまざま！

役割を知ろう！

菩薩ってどんなほとけさま？

菩薩は人びとに寄りそい、さまざまな願いに応えるほとけさま！

人びとのいろんな願いに応えるために、変身だってしちゃう菩薩もいます。十一面観音菩薩は、33種類の姿に変身できます。その変身の姿を見てみましょう！

十一面観音菩薩

どんな姿に変身するんやろう？

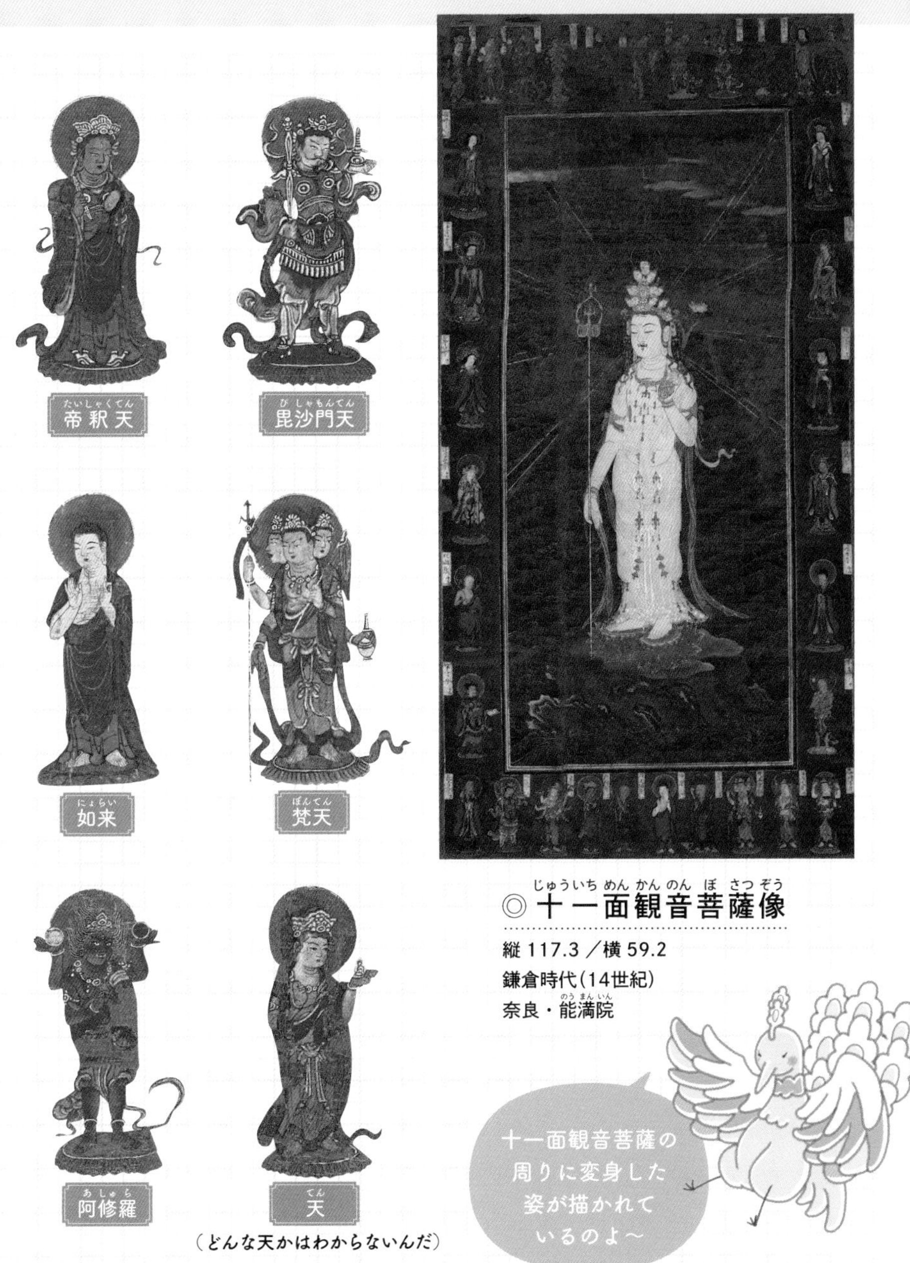

（どんな天かはわからないんだ）

◎十一面観音菩薩像

縦 117.3／横 59.2
鎌倉時代（14世紀）
奈良・能満院

菩薩以外のほとけさま（如来→P.15、天→P.79）の姿にも変身するよ！

雨や風をあやつる天

鬼の姿の天

音楽をつかさどる天

龍の姿の天

最強の武器をもつ天

ヘビの姿の天

天地を支配する天

世界の中心にいる天

世界をおさめる王さま

仏教にしたがい
修行するお坊さん

自力で修行する聖者

お坊さん

尼さん

仏教を信じる人

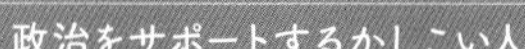
政治をサポートするかしこい人

裕福な人

お金もちの商売人

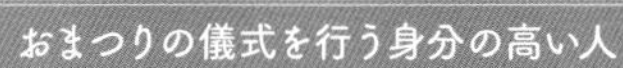
おまつりの儀式を行う身分の高い人

男の子

女の子

王さまの次に身分の高い人

ココみて!

かお&ハスの花

おだやかな顔は、菩薩の特徴のひとつ。人びとを優しく見守っているのです。

菩薩はハスの花にのっていることが多いです。ハスは、ほとけさまの世界に咲く、清らかな花だと考えられてきました。

おまけ

菩薩(ぼさつ)らしくない菩薩!?

菩薩なのに、珍しく怒っているほとけさまがいます。菩薩よりもむしろ、明王(みょうおう)(63ページ)の特徴にぴったり。名前に「菩薩」が入っていますが、本当は明王のグループなんじゃないかとも考えられています。そのため馬頭明王(ばとうみょうおう)と呼ばれることもあるんですよ。頭の上にちょこんと馬の頭をのせているのが馬頭観音菩薩の目印。これは菩薩? それとも明王? と迷ったら、頭の上に注目してみましょう!

馬頭観音菩薩(ばとうかんのんぼさつ)

後で、「馬頭明王」という名前で登場するよ

第3章

明王（みょうおう）

——怒りの表情にはわけがある！——

明王のかたち

◎不動明王像

像高 45.1
鎌倉時代（13世紀）
快慶作
京都・正寿院

明王のポイント

下の２つが当てはまったら、ほとんどが「明王」です！

- □ 牙（きば）を出して怒った表情
- □ うしろに炎が表されている

ココみて!

か お

髪も
逆立って…

目力強いし…

怒りの表情もさまざま
…迫力ないね～
見よ！
オレの怒りの
表情!!

怒った表情をしていて、何だか恐ろしい感じ……！　両目をカッと見開いていて、大きく開けた口の両端からは、牙がにょきっとのびています。実は、ほとんどの明王が、牙を出して怒った顔をしているんです。

もっとみて！　忿怒形

怒っている顔を「忿怒形」といいます。明王の怒りの表情はバリエーション豊かで、目や口の形もさまざま。牙も2本あったり、４本あったり。中には、右目と右側の牙を上に向け、逆に左目と左側の牙を下に向けて、怒っている顔なんかもあるんですよ。

◎愛染明王像
縦 137.6／横 82.0
鎌倉時代（14世紀）
奈良・寶山寺

◎不動明王像

像高 39.1
平安時代
長和3年(1014)
盛忠作
滋賀・園城寺

仏像のうしろには、ほとけさまから出る光やオーラが表されることが多いです。そのかたちは、仏像によってちがうんだとか。明王では、全身を包み込むように燃え上がる炎のかたちが多いです。怒った顔とあわせて、迫力がありますね！

深知り！　光背

ほとけさまが体から放つ光やオーラを表したものを「光背」といいます。光背は、頭のうしろに表される「頭光」と、全身を包み込むような「身光」に分けられます。天にも、炎の光背が表されることがありますが、それは頭光だけ。身光で炎が表されるのは、明王の特徴です。それほど怒りの力が全身にみなぎっているってことなんでしょうね。

ココみて！

アクセサリー

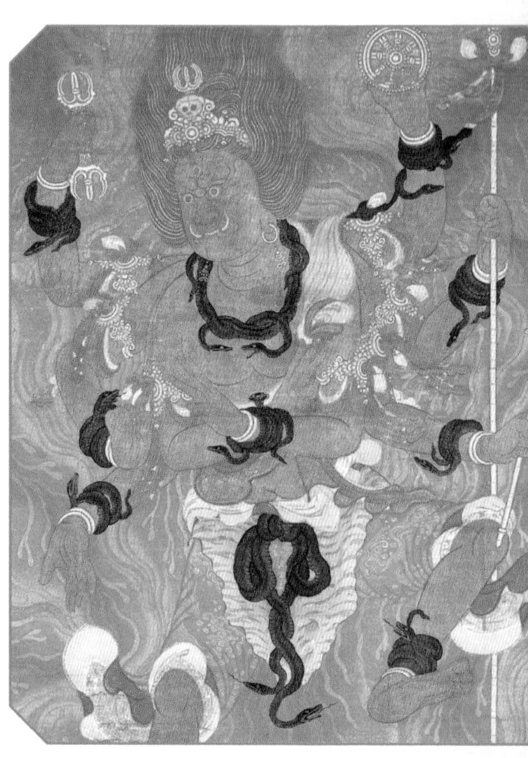

首や腰、手足にたくさんのヘビを巻きつけたり、ドクロのネックレスを着けたりしています。こうしたこわいアクセサリーを着けるほとけさまのほとんどが明王なんです。どうしてこんな恐ろしいものを身に着けているのでしょうか？

大威徳明王

軍荼利明王

◎軍荼利明王・大威徳明王（五大明王像のうち）

各縦 108.2／横 63.5

鎌倉時代（13世紀）

滋賀・観音寺

明王のかたちのひみつ

明王は、さまざまな悪や災いを消すことができるくらいの、とっても強いパワーをもったほとけさま。

悪いことをする人びとを怒り、強い力で正しい方向に導きます。だから、ほとんどの明王が怒っていて、怒りの炎のオーラをまとっています。

ヘビやドクロを身に着けた恐ろしい姿をしているのは、パワーを増すためだといわ

不動明王

髪をみつあみのように束ねる。剣と縄をもつ。

軍荼利明王

ヘビを首や腰、手足に着ける。

れています。目や顔、手足などがたくさんあるこわい姿の明王は、強い力をもっていることを表すためなんだとか。

人びとが望む力の種類にあわせて、いろいろな明王が登場したんですね。

恐ろしいのも人を救うためなのね～

愛染明王（あいぜんみょうおう）

6本の手があり、獅子（しし）の冠（かんむり）を頭にのせる。

大威徳明王（だいいとくみょうおう）

6つの顔・6本の手足がある。水牛にのる。

明王（みょうおう）ってどんなほとけさま？

役割を知ろう！

明王は、悪いことをする人びとを正しい方へ導いたり、さまざまな悪や災（わざわ）いを打ち消したりするほとけさま！

馬頭明王（ばとうみょうおう）
（だと考えられています）

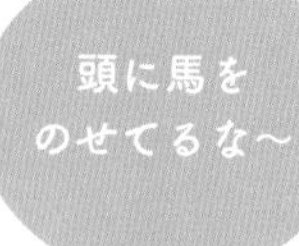

この明王も
強そう！

悪い敵を退治したい時や、災いをとりのぞきたい時には、明王にお祈りすることが多いんです。火をたいたり、呪文(じゅもん)を唱えたり、まるでおまじないのような方法で、明王にお祈りをします。そしてお祈りする時には、いろいろなふしぎな道具を使います。

これは、お祈りの時に使うふしぎな道具のひとつ。上の部分には、5本の鋭い刃がついています。下の部分は、ベルのようになっています。この道具を振り鳴らして、ほとけさまを呼ぶんだそうです。ベルのような部分には、馬頭明王（ばとうみょうおう）だと考えられているほとけさまと、そのほか3体の明王が表されています。

◎四大明王五鈷鈴（しだいみょうおうごこれい）

高 17.9／口径 6.1
中国・唐（とう）（8世紀）
奈良国立博物館

明王のすがた

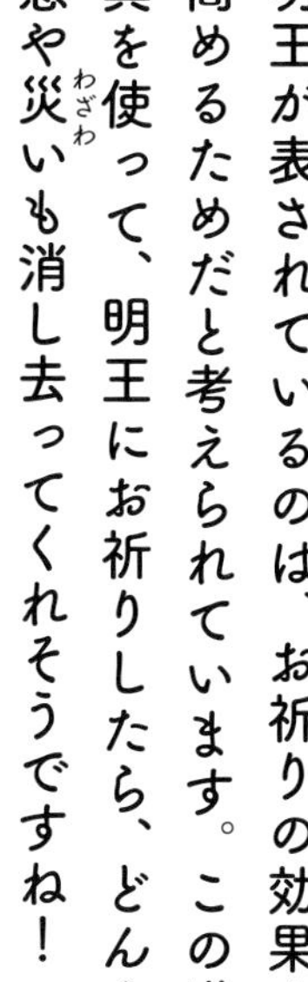

明王が表されているのは、お祈りの効果を高めるためだと考えられています。この道具を使って、明王にお祈りしたら、どんな悪や災(わざわ)いも消し去ってくれそうですね！

おまけ

明王(みょうおう)らしくない明王!?

名前に明王とあるけれど、明王の中で唯一、怒っていないほとけさま。うしろに炎も表されていません。明王よりも、菩薩(ぼさつ)（41ページ）の特徴に当てはまります。孔雀明王は、名前の通り、孔雀にのる姿で表されます。菩薩の姿に似ていても、孔雀にのっていたら、明王の仲間だと覚えておいてくださいね。

孔雀はヘビを食べる強い鳥なんだよ

孔雀明王(くじゃくみょうおう)

第4章

天(てん)

―ほとけさまに仲間入りをした神さま―

天のかたち

どんなかたち？

◎多聞天像

像高 155.5
平安～鎌倉時代
（11 ～ 12 世紀）
奈良国立博物館

天のポイント

下のどれか１つでも当てはまったら、ほとんどが「天」です！

□ よろいを着けている

□ 上半身は裸で、筋肉もりもり

□ 長い黒髪を両肩あたりでゆったりと丸めたヘアースタイルをしている

□ 袖口の広い服を着て、くつをはいている

□ 菩薩に似た姿だけど、ハスの花にのっていない

□ 丈を短くしたズボンをはいている

□ 頭だけ動物の姿

ココみて!

ファッション

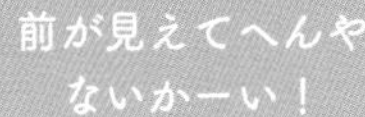

よろいを身に着けた勇ましい姿をしていますね。このほとけさまたちは、仏教の世界を守るガードマン！　4人で手分けして、東西南北の方角を守っています。よろいを身にまとうほとけさまのほとんどが天（てん）なんですよ。

かぶとを着ける
天もいるぞ！

◎四天王像（してんのうぞう）

像高［持国天］36.7／［増長天］38.3
［広目天］36.5／［多聞天］35.8
鎌倉時代（13世紀）
京都・海住山寺（かいじゅうせんじ）

ココみて！

筋肉もりもり

すごく鍛えてる感じ～！

腹筋も割れてて…

筋肉がついた、たくましい体つきですね！ ポーズもバッチリ決まってます。このふたりは、よろいを着けた天と同じ、ガードマンの役割を担っています。ペアで、よくお寺の門の両脇に立って門番をしているんですよ。金剛力士という名前のほか、仁王（二王）とも呼ばれています。

このほとけさまたちの…

口のかたちにもご注目！

吽形

阿形

◎金剛力士像

像高［阿形］505.8
［吽形］506.2
南北朝時代
延元4年(1339)
康成作
奈良・金峯山寺

もっとみて！ 金剛力士の口のかたち

口を大きく開けている方は、息を吐く時の「あ(阿)」、閉じている方は、息を吸う時の「うん(吽)」のかたちを表しています。「阿吽の呼吸」という慣用句もあるように、息がピッタリのほとけさまたちがこの口のかたちをすることがあります。実は、神社にいる狛犬たちも、同じ口のかたちをしていることが多いんですよ。

ココみて!

ヘアースタイル

長い黒髪を両肩あたりでゆったりと丸めていますね。実は、天には男性と女性のほとけさまがいて、このヘアースタイルは、女性の天によく見られます。性別が表されるのは天の特徴なのです。

◎弁才天懸仏
(大黒天像の像内納入品のうち)

鏡板径 18.7／像高 9.2
鎌倉時代(13世紀)
奈良・西大寺

吉祥天像

像高 26.2
鎌倉時代(14世紀)
奈良国立博物館

深知り！　女性の天

オシャレな襟がついたワンピースや着物のような服を着るのも、女性の天の特徴です。女性の天の姿のルーツは、昔の中国の貴婦人にあるんだそう。ふくよかな姿をしているのも、貴婦人のイメージからきているのかもしれませんね。

ココみて!

ファッション

\その2/

袖口が広い服を着ていますね。そして、スカートとくつをはいています。これは、天によく見られるファッションにしています。昔の中国の貴族の姿をモデルにしています。ほとけさまのうち、くつをはくのは天だけなんです。

深知り！ くつのデザイン

天のくつのデザインにはいろいろあります。つま先が凝ったデザインのくつは、昔の中国の貴族をモデルとした天が、シンプルなデザインのくつや、サンダルやブーツなどは、おもにガードマンの天がはいているんだそう。きっと、それぞれの役割にあったくつをはいているんですね。

◎帝釈天（十二天像のうち）
縦 149.7 ／横 55.2
鎌倉時代（13世紀）
滋賀・聖衆来迎寺

ココみて!
足もと
何の上に…
のってるん
やろう…?

この天は、敷きものにのっているみたいですね。天は、ハスの葉っぱ、鬼、岩など、いろんなものにのるんだそう。天以外のグループのほとけさまは、ハスの花にのる場合が多いので、大きなちがいですね！

◎梵天（十二天像のうち）

縦 149.7／横 55.2
鎌倉時代(13世紀)
滋賀・聖衆来迎寺

ココみて！ その3

ファッション

見たことがある気がする！

日本の昔ばなしで…

◎大黒天像（だいこくてんぞう）

像高 82.7
鎌倉時代（13世紀）
奈良・西大寺（さいだいじ）

襟(えり)が詰まった着物を着ていますね。丈を短くした袴(はかま)も身に着けています。これは、昔の日本のファッションスタイルのひとつ。このように昔の日本のファッションのほとけさまもいるんですよ。天(てん)には、

深知り！ 天のファッション

天のファッションはさまざまですが、実は、昔の日本風・中国風・インド風の3つのパターンに大きく分けられます。日本風の服装の例としては、大黒天(だいこくてん)のような姿のほか、平安時代の女性貴族のように、十二単(じゅうにひとえ)を着る姿なんかもあります。中国風の服装をした天は多く、P.87の弁才(べんざい)（財）天(てん)や、吉祥天(きちじょうてん)、またP.89の帝釈天(たいしゃくてん)は、昔の中国の貴族の姿を、さらに、よろいを着けた天は、昔の中国の武人の姿をそれぞれモデルにしています。そしてインド風の服装はというと、例えば、P.85の金剛力士(こんごうりきし)のようなスタイルや、P.91の梵天(ぼんてん)のような昔のインドの王子風の姿……などなど。いろんな天が集まれば、国際的なファッションショーが開催できちゃいますね！

あたまだけ動物のすがた

なんだか
ファンタジーな
姿だね!

ボクと同じ、
象さんだ〜!

頭は動物で、体は人間という、ふしぎな姿をしていますね。象やカルラという鳥のほかにも、馬や猪などの頭をもつ天もいます。こうした頭だけ動物の姿の天は、古くよりインドでおまつりされてきた、動物の姿の神さまと深い関わりがあるんです。

十巻抄（天部）

鎌倉時代（13世紀）
奈良国立博物館

迦楼羅王（二十八部衆像のうち）

像高 53.5
鎌倉時代（13世紀）
奈良国立博物館

天(てん)のかたちのひみつ

天のかたちには、たくさんのバリエーションがあります。どうして、天はこんなにさまざまなかたちをしているのでしょう？

実は、天はかつてインドの神さまでした。仏教がはじまってから、やがて、インドの神さまも「仏教ってすばらしい！」と思うようになって、ほとけさまに仲間入りして天になったんです。

神さまはいろんな姿をしていたか

吉祥天(きちじょうてん)

宝の玉をもつ。

毘沙門天(びしゃもんてん)

小さな塔をもつ。四天王(してんのう)のメンバーのひとりで、「多聞天(たもんてん)」という名前で呼ばれることもある。

ら、天のかたちもさまざま。天には男性と女性のほとけさまがいるといわれるのも、もともと神さまに性別があったから、というわけなんです。

そして、天はハスの花にのらない、と紹介したことを覚えていますか？ほとけさまは、ハスの花びらの中から生まれると考えられてきました。けれど、天は本来、神さまとして登場して、やがてほとけさまに仲間入りしたから、ハスの花にのらない、と考えられているんです。

いろいろな天のメンバー！　ほかにもいろんな天がいるよ！

帝釈天（たいしゃくてん）

梵天（ぼんてん）

大黒天（だいこくてん）

歓喜天（かんぎてん）

金剛力士（こんごうりきし）

個性派ぞろいだね！

役割を知ろう！

天(てん)ってどんなほとけさま？

天は、仏教の世界や仏教を信じる人びとを守ったり、人びとに福をさずけたりするほとけさま！

福をさずけてくれるなんて、ありがたいわ〜

真ん中に大きく描かれているのは、仏教の世界を守り、人びとに福をさずける毘沙門天。実は、天はほとけさまの中でも、私たち人間にとって一番身近な存在だと考えられてきました。人びとに親しみをもたれたから、いろいろな国や地域の信仰と結びつきやすかったんでしょうね。

春日毘沙門天曼荼羅（かすがびしゃもんてんまんだら）
縦 111.2／横 42.0
室町時代（16世紀）
奈良国立博物館

この絵の下の方を見てみてください。神社の鳥居が描かれていますね。つまり、この絵の中で、毘沙門天は日本の神さまとして描かれているんです。天は日本の神さまとも深く結びついて、おまつりされてきました。そのようなわけで、天は、人びとに福をさずける7人の神さま「七福神」にも仲間入りをしたんだとか！

七福神のうち、毘沙門天・弁才（財）天・大黒天の3人は、インドにゆかりをもつ天のメンバーなんです。

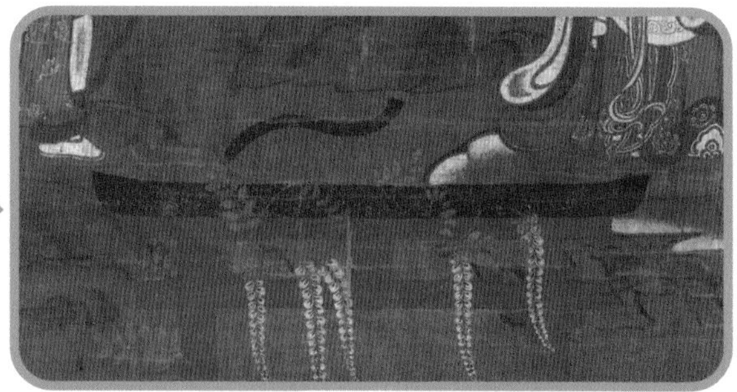

毘沙門天をはじめ、天の多くは、昔の中国風のファッションをしています。仏像がインドからはるばる中国に伝わった時に、天の多くは中国で着替えたそう。その姿の天が中国から日本に伝わってきた、というわけなんです。でも中には、大黒天のように日本で着替えた天もいます。

深知り! 七福神のルーツ

七福神のうち、インド出身の神さまは、毘沙門天と弁才(財)天、そして大黒天の3人。残るメンバーのうち、福禄寿(ふくろくじゅ)と寿老人(じゅろうじん)が中国の神さまで、恵比寿(えびす)は日本の神さまです。布袋(ほてい)はもともと中国のお坊さんでしたが、やがて日本の神さまとしても、おまつりされるようになりました。このように、七福神は、インド・中国・日本の3つの国の神さまたちが集まってできた、インターナショナルなチームなんです。

おまけ

天らしくない天!?

天に属する阿修羅は、牙を出して怒っている顔で表されることもあります。明王にそっくりですが、やはり天の仲間。4本、もしくは6本の手があり、太陽と月を手にのせているのが阿修羅の特徴なので、ぜひ覚えておいてくださいね。

第5章

お釈迦(しゃか)さまと仏像

お釈迦さまの生涯

お釈迦さまの人生で、とくに重要な出来事は8つあるとされ、それを「八相」といいます。お釈迦さまの伝説の8つのダイジェストシーンをご紹介！

1 托胎

インドのとある小さな国に、摩耶夫人（マーヤー）という王妃がいました。摩耶夫人は眠っている時に、白い象が飛んで来て、右わきから体の中に入る夢を見ました。その時、お腹にお釈迦さまが宿ったのです。

2 誕生

ある日、ルンビニーという地にある花園を訪れた摩耶夫人は、木に咲いている花を摘もうとして、右手をのばしました。その瞬間、なんと、右のわきから、お釈迦さまが生まれたのです。インドの小さな国の王子として生まれたお釈迦さまは、それからしばらくの間、お城で裕福な生活を送ります。

③ 四門出遊（しもんしゅつゆう）

お釈迦さまは、お城の東西南北の4つの門から外へ出かけました。東・南・西の門を出た時にそれぞれ、老いに悩む人や、病気で苦しむ人、お葬式の様子を目にして、つらく苦しい気持ちになります。そして残る北の門から外出した際に、修行にはげむ人を見かけます。その時に、修行の旅に出ようと決心したのです。

④ 出家（しゅっけ）

お釈迦さまは29歳の時に、王宮でのぜいたくな生活を捨てて、相棒の馬に乗り、お城を飛び出します。そして、修行にはげむために、粗末な衣に着替えたのです。

⑤ 苦行（くぎょう）

人びとが苦しまずに生きていける方法を探すために、お釈迦さまは6年もの間、山の中で、厳しい修行を積みました。けれど、厳しい修行だけでは、その方法を見つけることができず、やがて山をおります。

お釈迦さまと仏像にまつわるインドの地

6 降魔成道(ごうまじょうどう)

お釈迦さまは、静かな心でじっくりと考える必要があると思い、ブッダガヤという地へ向かいます。そこで菩提樹(ぼだいじゅ)という木の下に座って、目をつむり、じっくりと考えはじめました。その時に、たくさんの悪魔がお釈迦(しゃか)さまに近寄ってきて、邪魔しようとしましたが、お釈迦さまはまどわされず、悪魔たちを追い払います。そしてとうとう、みんなが幸せに暮らせる方法である仏教を見つけたのです。お釈迦さまが35歳の時でした。

7 初転法輪(しょてんぼうりん)

ほとけさまになったお釈迦さまは、サールナートという地で、初めて人びとに仏教を広めました。それからお釈迦さまは各地を旅して、いろんな場所で仏教を広めていきます。そうして、お釈迦さまを慕(した)う人がたくさん増えていったのです。

8 涅槃(ねはん)

約45年間、さまざまな地で仏教を広めたお釈迦さま。やがて体の疲れを感じ、クシナガラという地に生えていた沙羅双樹(さらそうじゅ)という木の下で横になります。そしてたくさんのお弟子さんたちが見守る中、80歳で亡くなりました。

仏像の誕生と旅

如来像
像高17.3
朝鮮半島・統一新羅
（8世紀）
奈良国立博物館

朝鮮半島

日本

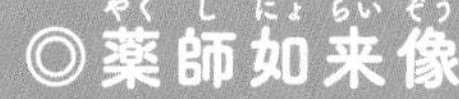

◎薬師如来像
像高37.3
奈良時代（8世紀）
奈良国立博物館

東南アジア

お釈迦さまが亡くなった後、慕っていた人びとは恐れ多さから、お釈迦さまの姿をかたちに表そうとはしませんでした。しかし、時が経つにつれ、やはりお釈迦さまの姿を拝みたい！という思いが人びとの間に広がっていきます。そして、ガンダーラ（現在のパキスタン）、さらにインド中部のマトゥラーというところで、初めて仏像がつくられたのです。お釈迦さまの死から約500～600年後のことでした。

そこから、仏像ははるばる旅をして、世界各地に伝わっていきます。日本には、中国や朝鮮半島を通ってもたらされました。やがて、いろんな国や地域で仏像がつくられるようになり、それぞれにあった姿の仏像が生まれたのです。

如来像(にょらいぞう)

全高36.2
5～6世紀
アメリカ メトロポリタン美術館

◎十一面観音菩薩像(じゅういちめんかんのんぼさつぞう)

全高85.1
中国・唐(とう)
（703～704年）
奈良国立博物館

中央アジア

中国

インド

菩薩像(ぼさつぞう)

像高82.3
クシャーン朝（3～4世紀）
奈良国立博物館

仏像で見る！お釈迦さまの人生の名場面

お釈迦さまづくし！

1 誕生釈迦仏像

像高 9.7
飛鳥時代（7 世紀）
奈良国立博物館

お釈迦さまは、生まれてすぐに7歩歩いて、右手で天を左手で地を指さし、「天上天下唯我独尊」つまり、「私こそが、仏教を広めるすばらしい存在だ」と宣言したんだそう。大きな頭が、こどもらしくかわいい感じですね。

2 出山釈迦如来像

像高 96.3
南北朝時代（14 世紀）
奈良国立博物館

6 年間も厳しい修行を積み、山からおりてきた時のお釈迦さまの姿を表した仏像。やせ細った姿から、とても苦しい修行だったことがわかりますね。

3 ◎如来三尊像（にょらいさんぞんぞう）

全高104.5
中国・唐（とう）
長安（ちょうあん）3～4年（703～704）
奈良国立博物館

悪魔たちを追い払ったシーンを表しています。お釈迦さまは、右手を下に向けていますね。これは、「悪魔よ、去れ！」という意味のポーズなんだそう。周りのほとけさまたちは、喜んでお祝いしているのでしょうか？

4 ◎仏涅槃図

縦 157.1 ／横 82.9
中国・南宋（13 世紀） 陸信忠 筆　奈良国立博物館

お釈迦さまが亡くなる場面を描いた絵。たくさんの人びとが、お釈迦さまの死を嘆き悲しんでいます。悲しさのあまり、お釈迦さまが横たわる台に上がり、体に触れるお弟子さんまで！　お母さんの摩耶夫人もお釈迦さまの死を聞きつけ、天上の世界から駆けつけています。

第6章

ならはくとほとけさま

なぜ、博物館にほとけさまが？

ならはくには、仏像をはじめとした歴史や文化を伝えてくれる大切な宝物、すなわち「文化財」がたくさんあります。
でも、どうしてならはくに数多くあるのでしょう？

いざ、ならはくのシンボル「なら仏像館」へ！

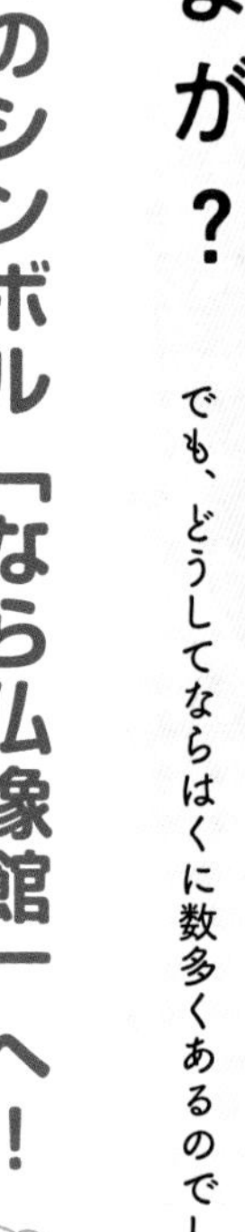

レッツゴー！

中は…こんな感じ！

ひぇ～！
仏像が
いっぱい!!

いつも
100体以上の
仏像を展示してるん
だって～！

明治時代に…
たくさんの仏像が失われるピンチが襲来!!

時代が江戸から明治へと移り変わるのにあわせて、政治や法律など、いろんな社会の決まりが変わりました。

その影響で、全国のお寺が経済的に苦しくなり、中には廃れてしまうお寺も。仏像をはじめとした、ほとけさまを表した文化財がお寺などから出てしまう、ということが日本各地で起きました。

その時に、多くの文化財が失われるピンチに見舞われたのです。

た、大切なほとけさまたちが…!!

えぇぇーー!?

そこで文化財を守るために…

ならはくが誕生！

これは、ならはくができた頃の写真か〜

▲明治27年(1894)頃撮影

文化財を守りたいという人びとの願いにより、奈良に博物館がつくられることに！　それがならはくです。明治28年（1895）に開館しました。日本で2番目に開館した国立博物館なんですよ。

この建物、開館した時からあるんだね〜！

写真　奈良国立博物館（この見開きすべて）

ならはくのミッション

文化財を守り、未来へつなげ！

▲昔のなら仏像館の展示風景

ならはくは、お寺などから文化財を預かり、展示してそのすばらしさや大切さを広めてきました。

かつては、教科書にものっているような仏像の名品もたくさんお預かりして、展示していたのです。

そして今も変わることなく、お寺などから文化財を預かって守るという役目を果たし続けています。さらには、失われる危機にある文化財を集め、ならはくのコレクションとして守る活動も行っています。

今や、ならはくがもっている文化財と、お寺や神社などから預かっている文化財は、それぞれ二〇〇〇件もあるんですよ。

▲阿修羅（八部衆像のうち）　興福寺蔵

「なら仏像館」は、仏像を展示している施設の中で、質・量どちらも世界トップクラス！

あの有名な興福寺（こうふくじ）の阿修羅像（あしゅらぞう）もお預かりしていたんだって！

巨大な仏像を展示するビッグプロジェクトも！

令和三年（二〇二一）から、高さが5メートルもある金峯山寺(きんぷせんじ)の金剛力士(こんごうりきし)像(ぞう)2体（重要文化財）をお預かりし、なら仏像館で展示しています。この2体の仏像は、ふだんは金峯山寺の仁王(におう)門でおまつりされていますが、門が修理されることになり、その間、ならはくでお預かりすることになったのです。

1 仰向けにした状態で、なら仏像館の西側の扉から運び入れ…

2 扉にあたらないよう、ゆっくり慎重に展示室内に運び…

3 仏像を起き上がらせて…

4 無事に展示が完了！　展示作業は準備も含めておよそ2か月もかかりました。

写真　奈良国立博物館（この見開きすべて）

文化財を未来につなげるために

ならはくでは、大切な文化財を守り、未来へとつなぐために、さまざまな活動を行っています。その活動の一部をご紹介します！

調査・研究

文化財の価値を広めるには、まず文化財そのものをよく知ることが大事！

◀▲ならはくでは、日々さまざまな調査を行っています。

▶仏像の内部を調査すると、新たな発見もあります。

展示

文化財を公開することで、そのすばらしさや大切さを伝えています！

▶なら仏像館も定期的に展示替えをするなど、さまざまな工夫をしています。どうすれば鑑賞しやすいのかもつねに意識！

修理・保存

文化財が傷まないよう、さまざまな取り組みが！

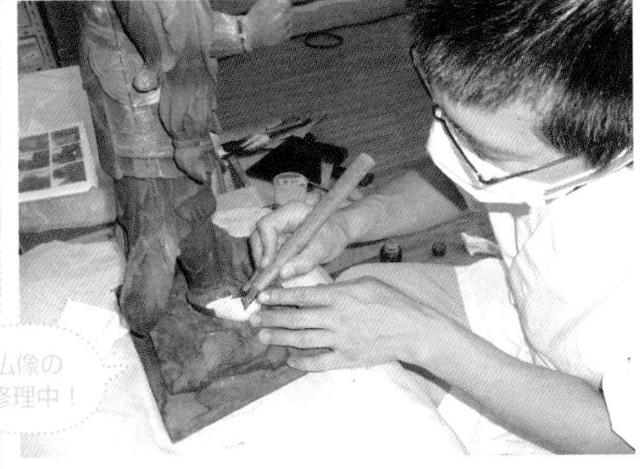

▲ 専門の技術をもつ人たちが、日々、文化財の修理を行っています。

▶ 温湿度の管理や、害虫・災害への対策などにも細かく気を配ります。

教育普及

ならはく教育普及スペース「ちえひろば」では、文化財について体験的に楽しく学べるワークショップを定期的に開催しています！

▲ 仏像をつくる木材に触れる体験や、仏像ミニクイズなどを楽しめます。

◀ 裸の仏像のレプリカに服を着せる体験も！

▲ 大型絵巻の読み聞かせではストーリーを楽しく理解できます。

▲ 絵巻のレプリカで、昔の絵巻鑑賞方法を追体験。

写真 奈良国立博物館（この見開きすべて）

ざんまいずイチオシ★ならはくの仏像！

顔や体の弾力感ある肉付きの表現が見事！

◎薬師如来像（やくしにょらいぞう）
像高49.7
平安時代（9世紀）

しろぞー
セレクト

怠（なま）けて修行しない人にクギを打ちつける実はオソロシイ姿です

伽藍神像（がらんしんぞう）
像高56.3
鎌倉時代（13世紀）

奈良国立博物館蔵（この見開きすべて）

おわりに

みなさん、いかがでしたか？　〝かたち〟から、ほとけさまのグループがわかるなんて、おもしろいでしょう？

ここで少し、この本をつくるきっかけとなった展覧会、わくわくびじゅつギャラリー「はっけん！　ほとけさまのかたち」について、お話ししたいと思います。こどもに楽しく仏像を鑑賞してもらえるよう、展覧会場では、さまざまな工夫を凝らしました。例えば、クイズ形式のワークシートを配ったり、仏像を間近でスケッチできるようにしたり、裸の仏像のレプリカに服を着せるワークショップを開催したり……。こうした効果もあって、大勢のこどもたち、さらには大人の方々にも、とても喜んでもらえました。アンケートには、「ほとけさまについてもっと知りたくなった」「これからは仏像の鑑賞をもっと楽しめそう」といった、うれしい感想もたくさん書かれていました。

このように、仏像への興味が芽生え、これからの生活の中で少しずつでも育ってくれたら、これほどうれしいことはありません。この本も、そのひとつのきっかけになることを願っています。

ならはくは、これからもずっと、仏像をはじめとした文化財と、みなさんをつなぐお手伝いをしていきます。もしよかったら、ぜひ、ならはくにも遊びに来てください。たくさんの仏像、そしてスタッフやボランティア、ざんまいずも、みなさんと会えるのを楽しみにお待ちしています。

最後になりましたが、この本をつくるにあたって、河出書房新社の稲村光信さん、盛田真史さんには、大変お世話になりました。この展覧会を、本というかたちで残すことができるとは、夢にも思っていませんでした。夢の夢が素敵な現実へと変わり、こうして本として出版することができたのは、おふたりのおかげです。この場を借りて、心より感謝申し上げます。

奈良国立博物館

令和五年十一月

執筆者紹介

翁　みほり　奈良国立博物館学芸部教育室研究員

専門は博物館教育。著作論文に「子どもを主対象とした展覧会の実践的考察 ―わくわくびじゅつギャラリー『いのりの世界のどうぶつえん』を事例として―」(『奈良国立博物館研究紀要　鹿園雜集』第22号) など。わくわくびじゅつギャラリー「はっけん！　ほとけさまのかたち」の展示主担当者で、ざんまいずの生みの親でもある。大学在学時から、ならはくのファンで、なら仏像館によく通っていた。ならはくの仏像のうち、P.121の鎌倉時代（13世紀）の毘沙門天像がとくにお気に入り。

謝 辞

この本の写真掲載についてご許可いただいた、仏像や仏画のご所蔵者の皆様に心からお礼申し上げます。

奈良国立博物館
NARA NATIONAL MUSEUM

「なら仏像館」は、明治27年(1894)に完成した、奈良で最初の本格的西洋建築(重要文化財)。

奈良国立博物館について

仏教美術の魅力と、その背景にある豊かな歴史・文化にふれる

奈良国立博物館は、東大寺、興福寺、春日大社などに囲まれた奈良公園の一角に位置し、古都奈良や仏教美術を深く知るのに欠かせない博物館だ。

「なら仏像館」「青銅器館」「東新館」「西新館」の4つのギャラリーがある。

「なら仏像館」は、飛鳥時代から鎌倉時代にいたる日本の仏像を中心に、国宝、重要文化財を含む常時100体近くの仏像を展示している。その質・量ともに、世界トップクラスの仏像の展示施設でもある。仏教への信仰とその思いがつくりだした仏教美術をじっくりと体感することができる。

このほか、「青銅器館」では、中国古代青銅器の名品を展示。「東新館」や「西新館」は特別展や特別陳列・特集展示の会場となるほか、名品展の会場となることもあり、絵画・書跡・工芸品・考古遺品の名品を鑑賞することができる。

令和5年（2023）5月にオープンした、ならはく教育普及スペース「ちえひろば」では、開館日の毎日、クイズやハンズオン展示を楽しめるワークショップなどが行われ、仏教美術について体験的に学ぶことができる。世代を超えて、こどもから大人まで楽しむことができるコーナーとして好評だ。

また、「ならはく教育普及室」のサイト（https://edu.narahaku.go.jp/）でも、仏教美術の基本や見方などをオンラインで公開している。

奈良国立博物館

開館 午前9時30分～午後5時。
毎週土曜日は午後8時まで
(入館は閉館の30分前まで)
※特別展の開催時などは、臨時に開館時間を変更することがあります。

休館 毎週月曜日（休日の場合はその翌日。連休の場合は終了後の翌日)、年末年始（12月28日～1月1日)
※臨時に休館日を変更することがあります。

観覧料金 名品展・特別陳列・特集展示
◉一般700円
◉大学生350円
◉高校生以下および18歳未満、70歳以上、障害者手帳(またはミライロ ID)をお持ちの方は無料
※特別展は別途料金を定めます。

奈良市登大路町50番地
TEL：050-5542-8600(ハローダイヤル)

近鉄奈良駅より徒歩15分、または近鉄奈良駅・JR奈良駅からバス「氷室神社・国立博物館」下車すぐ

詳細は奈良国立博物館ウェブサイト
(https://www.narahaku.go.jp/) をご確認ください。

主要参考文献（刊行年順）

■大正一切経刊行会 編 『大正新修大蔵経』第 25 巻　釋経論部上　1926 年　大正一切経刊行会

■大正一切経刊行会 編 『大正新修大蔵経』第 20 巻　密教部三　1928 年　大正一切経刊行会

■石田茂作 著　1967 年 『仏教美術の基本』 東京美術

■錦織亮介 著　1983 年 『天部の仏像事典』 東京美術

■奈良国立博物館　1983 年 『仏像のかたちと技法』

■佐和隆研 編　1984 年 『仏像案内』 吉川弘文館

■奈良国立博物館　1984 年 『美術にみる釈尊のあゆみ』

■奈良国立博物館　1984 年 『特別展　ブッダ釈尊 ―その生涯と造形―』

■久野健 編　1986 年 『仏像事典』 東京堂出版

■奈良国立博物館　1987 年 『特別展　菩薩』

■佐和隆研 編　1990 年 『仏像図典（増補版）』 吉川弘文館

■奈良国立博物館　1996 年 『ぶつぞう入門』

■東武美術館・奈良国立博物館・名古屋市博物館・NHK・NHK プロモーション　1998 年
『ブッダ展―大いなる旅路』

■奈良国立博物館　2000 年 『特別展　明王 ―怒りと慈しみの仏―』

■中村元 著　2001 年 『広説　佛教語大辞典』上巻・中巻・下巻・別巻　東京書籍

■河原由雄 監修　2002 年 『仏像の見方 見分け方 ―正しい仏像鑑賞入門―』 主婦と生活社

■中村元・久野健 監修　2002 年 『仏教美術事典』 東京書籍株式会社

■内田啓一　2007 年 「長谷寺式十一面観音菩薩画像について ―能満院本十一面観音菩薩画像を中心に―」
『佛教藝術』294 号　毎日新聞社

■奈良国立博物館 2013 年 『みほとけのかたち ―仏像に会う―』

■奈良国立博物館　2015 年 『開館 120 年記念　写真でたどる奈良国立博物館のあゆみ』

■水野敬三郎　2019 年 『ミズノ先生の仏像のみかた』 講談社

■山本勉 著／川口澄子 イラスト　2021 年 『完本　仏像のひみつ』 朝日出版社

■奈良国立博物館・読売新聞社・NHK 奈良放送局・NHK エンタープライズ近畿　2021 年
『特別展　奈良博三昧 ―至高の仏教美術コレクション―』

■奈良国立博物館　2022 年 『なら仏像館　名品図録 2022（2021 改訂版）』

■奈良国立博物館　2022 年 『わくわくびじゅつギャラリー　はっけん！　ほとけさまのかたち』

おまけ 「ざんまいず」のモデルをご紹介！

この本をナビゲートしてきた「ざんまいず」は、ならはくの所蔵品をモチーフに令和３年（2021）にメジャーデビューした動物キャラクター！ここでモデルになった作品を紹介しちゃいます！

あおじし

動物彫刻の名作なんだぜ！

モチーフになった作品

獅子（しし）
鎌倉時代（13世紀）

しろぞー

普賢菩薩さまをのせているんだ〜

モチーフになった作品

◎普賢菩薩像（ふげんぼさつぞう）
平安時代（12世紀）

ぎゅーたろ

水牛は力強さのシンボルやねんで〜

モチーフになった作品

大威徳明王騎牛像（だいいとくみょうおうきぎゅうぞう）
平安時代（12世紀）

くじゃっぴ

磬は吊るして音を鳴らす道具なのよ♪

モチーフになった作品

孔雀文磬（くじゃくもんけい）
南北朝時代
正平（しょうへい）12年（1357）

はにわんこ

しっぽがキュートでしょ？

モチーフになった作品

埴輪犬（はにわいぬ）
古墳時代（6世紀）

奈良国立博物館蔵（このページすべて）

見るだけで楽しめる！
発見！ ほとけさまのかたち
わくわくする仏像の見方

2023年11月20日　初版印刷
2023年11月30日　初版発行

監　修 ――――――――――――奈良国立博物館

発行者 ――――――――――――小野寺優

発行所 ――――――――――――株式会社河出書房新社
〒151-0051　東京都渋谷区千駄ヶ谷2-32-2
電話　03-3404-1201（営業）
　　　03-3404-8611（編集）
https://www.kawade.co.jp/

編　集 ――――――――――――盛田真史

イラスト ――――――――――――翁みほり（奈良国立博物館）

装丁・本文デザイン ――――――阿部ともみ［ESSSand］

印刷・製本 ―――――――――――三松堂株式会社

Printed in Japan
ISBN978-4-309-22903-4